The animals are happy being together again.

Тварини щасливі, що знову разом.

The animals are having a giant sleepover.

Тварини переносять гігантський сон.

There are a lot of animals.

Є багато тварин.

The farmer is driving his truck.

Фермер веде свою вантажівку.

The farmer is driving a tractor.

Фермер веде трактор.

The farmer is chewing on a piece of wheat.

Фермер жує шматочок пшениці.

My mom bought me a new backpack to take to school.

Мама купила мені новий рюкзак, щоб взяти до школи.

The green backpack is holding all my belongings.

У зеленому рюкзаку зберігаються всі мої речі.

My bag has many pockets.

У моїй сумці багато кишень.

The samurai is training to become good at fighting.

Самурай навчається, щоб стати хорошим у боях.

The samurai is chasing away his enemy.

Самурай гнає свого ворога.

The samurai is going for a morning jog.

Самурай іде на ранкову пробіжку.

The elephant has a long trunk to spray water.

У слона довгий стовбур для напилення води.

The elephant has a long trunk.

У слона довгий тулуб.

The elephant lives in the zoo.

Слон живе в зоопарку.

My dad works on the computer.

Мій тато працює за комп'ютером.

The laptop is saying hi to the user.

Ноутбук вітає користувача.

That is my dad's computer.

Це комп'ютер мого батька.

The number "five" is trying to give you a high five.

Число "п'ять" намагається дати вам високу п'ятірку.

The five are saying its name out loud, so others will know.

П'ятеро вимовляють його ім'я вголос, тому інші будуть знати.

I have five fingers on 1 of my hands.

У мене п'ять пальців на 1 руці.

Happy Teddy is opening his box of presents from Santa.

Щасливий Тедді відкриває свою коробку подарунків від Санта.

The teddy bear is opening his second present.

Плюшевий ведмедик відкриває свій другий подарунок.

The bear has a present.

Ведмідь має подарунок.

The chef serves delicious-looking food.

Шеф-кухар подає смачну їжу.

The chef made yummy pasta for everyone to share.

Шеф-кухар приготував смачні макаронні вироби для всіх.

The chef has a napkin

У шеф-кухаря серветка.

The green frog is trying to catch the fly.

Зелена жаба намагається зловити муху.

The frog is catching a fly.

Жаба ловить муху.

The frog is chasing the fly.

Жаба переслідує муху.

The graceful swan is striding through the water.

Граціозний лебідь крокує по воді.

The beautiful swan is eating a piece of green vegetables.

Прекрасний лебідь їсть шматочок зелених овочів.

The swan is beautiful.

Лебідь прекрасний.

The tiger is wearing a bow on its neck.

Тигр носить лук на шиї.

A formal tiger is waving his hand for a yellow taxi.

Офіційний тигр махає рукою на жовте таксі.

It is orange and black.

Він оранжевий і чорний.

The green parrot came from the forest to the zoo.

Зелений папуга прийшов з лісу до зоопарку.

The parrot is just learning how to fly in the sky.

Папуга просто вчиться літати в небі.

The parrot is colorful.

Папуга барвистий.

The turtle has a robust shell but is very slow.

Черепаха має міцну оболонку, але дуже повільна.

The tortoise lives on land, unlike turtles.

Черепаха живе на суші, на відміну від черепах.

The tortoise has a pointy shell.

Черепаха має точкову оболонку.

A little cow is walking around near the barn.

Біля комори ходить маленька корова.

The calf is wandering around.

Теля блукає.

That is a baby cow.

Тобто корова немовлята.

The cute monster is flying around.

Симпатичне чудовисько літає навколо.

The monster has a pointy horn.

У монстра є точковий ріг.

The little monster has a long tail.

Маленький монстр має довгий хвіст.

The dragon is playing the guitar.

Дракон грає на гітарі.

The dinosaur's dream is to become a wonderful rock star.

Мрія динозавра - стати чудовою рок-зіркою.

The dinosaur is a rock star.

Динозавр - це рок-зірка.

The waiter is serving steaming hot pizza.

Офіціант подає гарячу піцу.

The chef just took the pizza oven

Шеф-кухар щойно взяв піч для піци

The pizza looks delicious.

Піца виглядає смачно.

Rabbit thinks that the juicy orange carrot looks yummy.

Кролик вважає, що соковита апельсинова морква виглядає смачно.

The bunny is bringing a giant carrot to its family for dinner.

Зайчик приносить гігантську моркву своїй родині на вечерю.

The bunny likes to eat carrots.

Зайчик любить їсти моркву.

A violin can play beautiful music if played correctly.

Скрипка може грати прекрасну музику, якщо грати правильно.

The violin is one of the most fantastic instruments.

Скрипка - один з найфантастичніших інструментів.

The violin is a musical instrument.

Скрипка - це музичний інструмент.

A smart owl is reading an alphabet book.

Розумна сова читає книгу з алфавітом.

The young brown owl is learning to read.

Молода бура сова вчиться читати.

Owl likes to read big books.

Сова любить читати великі книги.

The small cow has orange hair on the top of its head.

Маленька корова має помаранчеве волосся на верхівці голови.

The little cow will eventually be a big one.

Маленька корова з часом стане великою.

The young calf is walking in the field.

Молоде теля ходить по полю.

The delivery man sent us a package.

Чоловік з доставки нам надіслав пакет.

The workman is towing some heavy boxes.

Майстер буксирує кілька важких коробок.

He is sleepy.

Він сонний.

The scientist is making a potion.

Вчений готує зілля.

The woman is learning how to become a scientist.

Жінка вчиться, як стати вченим.

He has a potion.

У нього зілля.

The dragon just ate something spicy, so he needed water.

Дракон просто з'їв щось гостре, тому йому була потрібна вода.

The dragon is very thirsty.

Дракон дуже спраглий.

The dragon is sick.

Дракон хворий.

The rabbit is thinking about something.

Кролик про щось думає.

The rabbit is confused.

Кролик розгублений.

The rabbit has long ears.

Кролик має довгі вуха.

The happy and excited eight is holding up eight fingers

Щаслива і схвильована вісімка тримає вісім пальців

The eight is licking its lip because it sees eight trays of fried chicken.

Вісімка облизує губу, бо бачить вісім лотків зі смаженою куркою.

A spider has eight legs.

У павука вісім ніг.

The iguana is hiding behind the letter I.

Ігуана ховається за буквою I.

The iguana is curling around the alphabet.

Ігуана звивається навколо алфавіту.

The iguana has a long tail.

Ігуана має довгий хвіст.

The queen is beautiful.

Королева прекрасна.

The queen has a pink wand.

У королеви є рожева паличка.

The queen has a wand.

У королеви є паличка.

The elephant is shy.

Слон сором'язливий.

The elephant has big ears.

У слона великі вуха.

The elephant has eyelashes.

У слона є вії.

The frog is smiling because it is happy.

Жаба посміхається, бо щаслива.

The frog is happy and excited.

Жаба щаслива і схвильована.

The frog has a big smile.

Жаба має велику посмішку.

The boy is having fun playing with a yoyo.

Хлопчик весело грає з йойо.

The kid has a very colorful yoyo.

У дитини дуже барвисте йойо.

The boy has a little hat.

Хлопчик має маленьку шапку.

He is driving a big icecream truck.

Він їздить на великій вантажівці морозива.

The ice cream truck is playing a beautiful song.

Вантажівка морозива грає прекрасну пісню.

Come on! The ice cream truck is here!

Давай! Вантажівка морозива тут!

The nurse looks scary, holding a syringe.

Медсестра виглядає страшно, тримаючи шприц.

The nurse is helping patients get better.

Медсестра допомагає пацієнтам одужати.

The nurse helps the doctor.

Медсестра допомагає лікареві.

The chick is on the telephone talking with his friend.

Курча по телефону спілкується зі своїм другом.

The little chick is using his mother's phone to play music.

Маленька пташеня використовує телефон матері для відтворення музики.

The bird is small.

Птах маленький.

The cat is taking a nap.

Кіт дрімає.

The cat is very sleepy.

Кіт дуже сонний.

The cat is very tired.

Кіт дуже втомився.

Santa is having fun.

Санта розважається.

Santa Claus is laughing at a hilarious joke.

Дід Мороз сміється над веселим жартом.

Santa is fat.

Санта товстий.

The builder man has gone to work on a project.

Людина-будівельник пішов працювати над проектом.

The man has bought a shiny new hammer.

Чоловік купив новий блискучий молоток.

The man has an ancient hammer.

У людини є древній молоток.

The chicken is saying hello to us.

Курка вітається з нами.

The white chicken is wearing an artist's hat.

Біла курка в шапці художника.

The rooster has a big beak.

У півня великий дзьоб.

My duck, stuffed animal, is wearing a hat.

Моя качка, опудала тварина, носить шапку.

The little duck is very squeaky.

Маленька качка дуже писклива.

The toy duck has webbed feet.

У іграшкової качки є переплетені ноги.

The red and black ladybug is just done eating some leaves.

Червона і чорна сонечко просто робиться, поїдаючи листя.

The ladybug is eating a piece of lettuce.

Сонечко їсть шматочок салату.

The ladybug has many spots.

У сонечко багато плям.

The Easter Bunny is painting a chocolate egg.

Пасхальний заєць малює шоколадне яйце.

The Easter Bunny likes to paint eggs.

Пасхальний Зайчик любить фарбувати яйця.

The rabbit is entering an egg painting contest.

Кролик бере участь у конкурсі з фарбування яєць.

The engineer is holding a wrench.

Інженер тримає гайковий ключ.

The engineer is going to fix a fancy blue car.

Інженер збирається виправити фантазійний синій автомобіль.

He has a suitcase.

У нього валіза.

That is a beautiful ring.

Це прекрасне кільце.

The ring has a diamond jewel on it.

Кільце має на собі алмазну коштовність.

That is my ring.

Це моє кільце.

The giraffe has an extremely long neck.

Жирафа має надзвичайно довгу шию.

The giraffe has many spots.

У жирафа багато плям.

The giraffe eats vegetables.

Жирафа їсть овочі.

The octopus has eight tentacles.

У восьминога є вісім щупалець.

The octopus has very long tentacles.

У восьминога дуже довгі щупальця.

The octopus lives underwater.

Восьминіг живе під водою.

The queen bee has a beautiful wand.

У бджоли-королеви є красива паличка.

The beehive has a leader who is a magical bee.

У вулику є вождь, який є чарівною бджолою.

She is wearing a crown.

Вона носить корону.

A rat is on top of the letter M

Щура стоїть зверху на букву M

The mouse has very long whiskers.

У миші дуже довгі вуса.

I like mice.

Мені подобаються миші.

The boy is late for school, so he is sprinting.

Хлопчик запізнюється на школу, тому він спринтує.

The boy is preparing for school.

Хлопчик готується до школи.

The boy is excited to go to school.

Хлопчик із задоволенням ходить до школи.

The cereal box got a magician set for Christmas.

Ящик із зернових отримав набір чарівників на Різдво.

The boy got a wizard action figure for his birthday.

Хлопчик отримав фігуру майстра дії на день народження.

The book has a wand.

У книзі є паличка.

Chef Octopus is serving a delicious turkey dinner.

Шеф-кухар Восьминіг подає смачну вечерю з індички.

The octopus cooked delicious food for its friends.

Восьминіг готував смачну їжу для своїх друзів.

The octopus is working as a chef and serving food.

Восьминіг працює шеф-кухарем і подає їжу.

The Pencil is leaving to go on a long relaxing vacation.

Олівець їде відправитись у тривалий спокійний відпочинок.

The pencil wakes up bright and early to go to work.

Олівець прокидається яскраво і рано йти на роботу.

The pencil put on a big smile and went to work.

Олівець одягнув велику посмішку і пішов на роботу.

The little boy was running.

Маленький хлопчик бігав.

The sprinter is winning first place in a race.

Спринтер виграє перше місце в гонці.

The boy is running.

Хлопчик біжить.

The ant is telling a story.

Мураш розповідає історію.

An ant is tiny in size, but very strong.

Мурашка має невеликі розміри, але дуже сильна.

I found an ant.

Я знайшов мурашку.

The number "three" is saying you got 3 out of 3.

Цифра "три" означає, що ви отримали 3 з 3.

Number three is counting to three.

Число три рахує три.

I have three buttons on my dress.

У мене на сукні три ґудзики.

Funny, Mr. Clown is giving away colorful balloons.

Смішно, містер Клоун дарує різнокольорові кулі.

The clown is holding three colorful balloons.

Клоун тримає три різнокольорових кулі.

The clown likes to give out balloons to little kids.

Клоун любить роздавати повітряні кулі маленьким дітям.

The policeman is mad.

Поліцейський божевільний.

The policeman is angry at some rotten teenagers.

Поліцейський розлючений на деяких гнилих підлітків.

He is wearing sunglasses.

Він одягає сонцезахисні окуляри.

The walrus has unusually sharp teeth.

Морж має незвично гострі зуби.

The walrus has a tail.

Морж має хвіст.

The walrus has a friend.

У моржів є друг.

The penguin lives in the arctic.

Пінгвін живе в Арктиці.

The penguin lives in cold regions.

Пінгвін живе в холодних регіонах.

The penguin eats fish.

Пінгвін їсть рибу.

Mr. Snowman is holding a broom and saying goodbye.

Містер Сніговик тримає віник і прощається.

The snowman was just done cleaning the yard.

Сніговик щойно робив прибирання двору.

I made a snowman.

Я зробив сніговика.

I had a small birthday cake for my party.

У мене був невеликий торт на день народження для моєї вечірки.

This birthday cake is for a little kids.

Цей торт на день народження для маленької дитини.

I have a candle on my cake.

У мене на торті свічка.

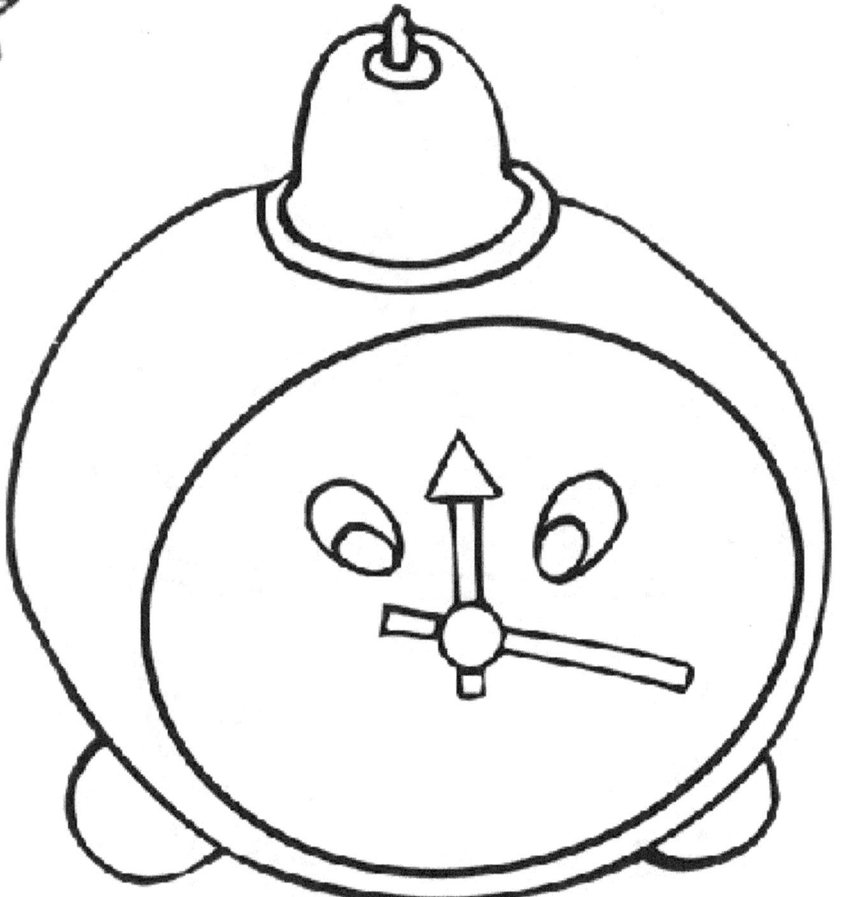

There is a big alarm clock on my desk.

На моєму столі великий будильник.

The alarm clock is sometimes very annoying

Будильник іноді дуже дратує

The alarm rings every morning.

Тривога дзвонить щоранку.

The lion is big.

Лев великий.

The lion is chasing its tail.

Лев переслідує свій хвіст.

The lion is timid.

Лев боязкий.

The wizard likes to work with magic.

Майстер любить працювати з магією.

The wizard is going to summon a great big dragon.

Майстер скликає великого великого дракона.

The magician has a wand.

У фокусника є паличка.

The ladybug is on the leaf.

Сонечко - на листі.

The ladybug is smiling.

Сонечко посміхається.

The ladybug has six legs.

У сонечко шість ніг.

The maid is going to clean the hotel room.

Покоївка збирається прибирати готельний номер.

The maid has a big brown broom.

Покоївка має великий коричневий віник.

My mom's friend is a maid.

Друг моєї мами - служниця.

I had a humongous birthday cake for my celebration.

Я влаштував гумористичний торт на день народження для свого святкування.

This birthday cake has three layers.

Цей день народження торт має три шари.

My friend is having a gigantic cake.

У мого друга є гігантський торт.

My toy box contains a lot of toys.

Моя коробка іграшок містить безліч іграшок.

The toy chest is full of toys.

Скриня для іграшок повна іграшок.

I have stuffed animals, balls, and other toys in my toy box.

У коробці іграшок я набивав тварин, кульки та інші іграшки.

The frog is trying to catch the fly.

Жаба намагається зловити муху.

The frog uses its tongue to catch prey.

Жаба використовує свій язик, щоб ловити здобич.

The frog is hopping.

Жаба скаче.

The letter N stands for a nose.

Буква N означає ніс.

The nose is used for smelling things.

Ніс використовується для запаху речей.

The nose is breathing.

Ніс дихає.

The rattlesnake is looking for its dinner.

Гримуча змія шукає свою вечерю.

The anaconda is the longest snake in the world.

Анаконда - найдовша змія в світі.

The cobra is very lovely.

Кобра дуже мила.

He is going to work with his suitcase.

Він збирається працювати зі своєю валізаю.

The businessman is calling his boss.

Бізнесмен дзвонить своєму начальнику.

He has a walkie talkie.

У нього є віกі-токі.

The number "zero" is saying, Ok.

Цифра "нуль" говорить: Гаразд.

The zero is saying fine by making the okay gesture.

Нуль - це добре, зробивши добре жест.

I have 0 tails.

У мене 0 хвостиків.

The snake is licking its lip because it is hungry.

Змія облизує губу, бо голодна.

The snake is very slimy.

Змія дуже струнка.

The snake has polka dots.

У змії є горошок.

An owl is teaching the kids in school about work.

Сова навчає дітей у школі роботі.

Mr.Owl teaches the 3rd grade.

МістерОул викладає 3 клас.

The owl is a language arts teacher.

Сова - вчитель мовного мистецтва.

The bee is wearing a pink pacifier to calm itself.

Бджола одягає рожевий соску, щоб заспокоїти себе.

The baby bees have very tiny wings.

У бджіл дитини дуже крихітні крила.

The baby bee has yellow and black stripes.

У бджоли дитини є жовті та чорні смуги.

This dog is wagging its tail for more treats.

Ця собака розмахує хвостом, щоб отримати більше частувань.

The dog has a golden collar.

Собака має золотий нашийник.

That is a fat dog!

Це товста собака!

Santa gave reindeer a big present.

Санта подарував оленям великий подарунок.

The reindeer is late to give his present to his friends.

Північний олень спізнюється дарувати подарунок своїм друзям.

Reindeer has a scarf.

Олені мають хустку.

The frog is waving to us.

Жаба махає нам.

The frog says goodbye to me and you.

Жаба прощається зі мною і тобою.

The frog has a big mouth.

У жаби великий рот.

He is playing a lively tune on his flute.

Він грає жваву мелодію на своїй флейті.

The boy is practicing the flute to be ready at school.

Хлопчик практикує флейту, щоб бути готовим до школи.

He is a musician.

Він музикант.

The hippo has a big head.

Бегемот має велику голову.

The hippo is amazed at how big his teeth are.

Бегемот вражений тим, наскільки великі зуби.

The hippo has a big head.

Бегемот має велику голову.

The magician plays a trick.

Маг грає трюк.

The magician summoned a rabbit out of his hat.

Маг викликав кролика зі свого капелюха.

The rabbit is very young.

Кролик дуже молодий.

We use the umbrella when it's raining.

Ми використовуємо парасольку, коли йде дощ.

The umbrella shelters you.

Парасолька захищає вас.

It's raining.

Дощить.

My favorite fruit to eat is a banana.

Мій улюблений фрукт, який їмо, - це банан.

The banana is yellow.

Банан жовтий.

My dad bought a lot of bananas in the market.

Мій тато купив на ринку багато бананів.

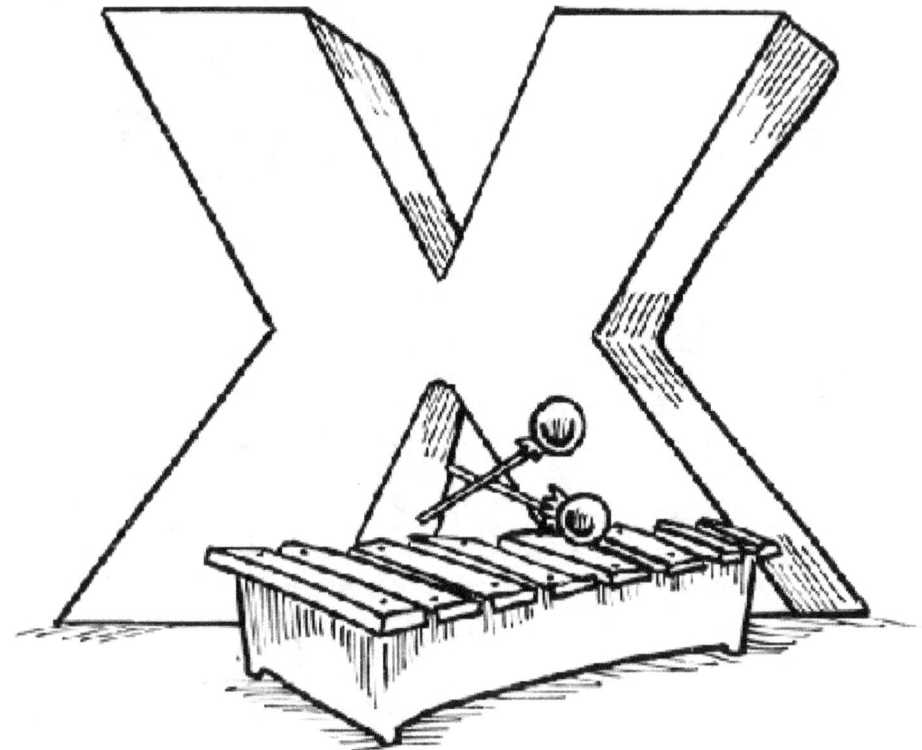

The xylophone is an instrument like the piano.

Ксилофон - такий інструмент, як фортепіано.

The xylophone is a very cool instrument.

Ксилофон - дуже класний інструмент.

The xylophone is a colorful instrument.

Ксилофон - барвистий інструмент.

The postman is giving out the mail in the early morning.

Листоноша видає пошту рано вранці.

The postman is delivering mails at the crack of dawn.

Листоноша доставляє пошту на тріску світанку.

The man has a hat.

Чоловік має шапку.

The crocodile is excited.

Крокодил збуджений.

The jumping crocodile is happy.

Крокодил, що стрибає, задоволений.

The alligator is jumping.

Алігатор стрибає.

The dragon is using the rock to build its house.

Дракон використовує скелю для побудови свого будинку.

The dinosaur is getting a plate for his food.

Динозавр дістає тарілку для своєї їжі.

The dinosaur has a pillow.

У динозавра є подушка.

Talented, Mr. Clown is juggling five red balls.

Талановитий, містер Клоун жонглює п'ятьма червоними кульками.

The funny clown is juggling with skill.

Веселий клоун жонглює майстерністю.

The clown is juggling balls for his performance.

Клоун жонглює кулями для свого виступу.

The duck has a big nose.

У качки великий ніс.

The duck just dropped its little oval eggs.

Качка щойно скинула свої маленькі овальні яйця.

The duck has three eggs.

У качки є три яйця.

The smiling number nine is saying its name out loud.

Усміхнений номер дев'ять вимовляє свою назву вголос.

The nine is saying that 4+5=9.

Дев'ять кажуть, що 4 + 5 = 9.

My sister has nine stuffed animals.

У моєї сестри дев'ять опудало тварин.

The goat is eating grass.

Коза їсть траву.

The goat is grazing in the meadow.

Коза пасеться на лузі.

The goat is sleepily walking around.

Коза сонливо ходить навколо.

The number "six" is saying 1+5=6.

Число "шість" говорить 1 + 5 = 6.

The six are excitedly jumping up and down.

Шість із захопленням стрибають вгору і вниз.

A butterfly has six legs.

У метелика шість ніжок.

The Chipmunk is about to eat a brown acorn.

Бурундук ось-ось з'їсть коричневий жолудь.

The chipmunk brought home a giant acorn.

Бурундук приніс додому гігантський жолудь.

The chipmunk has a soft tummy.

У бурундука м'який животик.

Ram has a large horn and fluffy wool.

Баран має великий ріг і пухнасту шерсть.

The ram is smiling because it just took a bath.

Баран посміхається, бо просто прийняв ванну.

This ram lives in the farmhouse.

Цей баран живе в господарстві.

The one is saying its name.

Той, хто говорить свою назву.

Number one got first place at a competition.

Номер один отримав перше місце на змаганнях.

I have one nose.

У мене один ніс.

The white sheep have a lot of fluffy white wool to give away.

Білі вівці мають багато пухнастої білої вовни, яку можна віддати.

This sheep is so fluffy.

Ця вівця така пухнаста.

The sheep are skinny.

Вівці худі.

Santa Claus is giving extraordinary presents to excited kids.

Дід Мороз дарує надзвичайні подарунки схвильованим дітям.

Santa Claus is delivering presents to the children.

Дід Мороз доставляє подарунки дітям.

Santa is happy.

Санта щасливий.

My mom loves to drink tea.

Моя мама любить пити чай.

The teapot is short and spout.

Чайник короткий і носик.

The teapot has green tea in it.

У чайнику є зелений чай.

The number "four" is counting to four.

Число "чотири" рахується до чотирьох.

The four saw four dolphins at the ocean.

Четверо бачили чотирьох дельфінів біля океану.

My cat has four legs.

У мого кота чотири ноги.

My cat likes to eat fish.

Моя кішка любить їсти рибу.

The cat is looking for more treats.

Кіт шукає більше частувань.

My cat has big eyes.

У мого кота великі очі.

The gardener is going to plant flowers

Садівник збирається садити квіти

The gardener is going to plant some seeds.

Садівник збирається посадити трохи насіння.

The farmer has a beard.

У фермера борода.

Mr. Snowman is celebrating Christmas by the decorated tree.

Містер Сніговик святкує Різдво прикрашеним деревом.

The snowman is having a Christmas party.

Сніговик проводить різдвяну вечірку.

This snowman is my friend, and he is a helper of Santa.

Цей сніговик - мій друг, і він є помічником Санти.

The one and the zero are holding hands.

Один і нуль тримаються за руки.

One and Zero together are ten.

Один і Нуль разом - десять.

I have ten toes in total.

У мене в цілому десять пальців.

The children are going on a field trip on the yellow bus.

Діти їдуть в похід на жовтому автобусі.

The children go to school on a bus.

Діти ходять до школи в автобусі.

The kids on the school bus are going to school.

Діти в шкільному автобусі їдуть до школи.

The old goat is proud of its golden bell.

Стара коза пишається своїм золотим дзвоном.

The goat has four hooves.

У кози чотири копита.

The goat has a friend.

У кози є друг.

Santa is lugging a large brown bag of gifts to his sley.

Санта затягує велику коричневу сумку подарунків своєму слайєві.

Santa Claus is carrying a leather bag filled with gifts.

Дід Мороз несе шкіряну сумку, наповнену подарунками.

Santa is going to give out presents.

Санта збирається роздавати подарунки.

He likes to paint.

Він любить малювати.

---

The house painter is almost done with his daily work.

Домашній художник майже щоденно виконує свою щоденну роботу.

---

He has a bucket of paint.

У нього відро фарби.

The dragon is waving his hand.

Дракон махає рукою.

The big ancient dragon says hello to you.

Великий древній дракон вітається з вами.

Dragons are very friendly and have scales on their backs.

Дракони дуже доброзичливі і мають лусочки на спині.